The Art of Smiles and Other Stories: Bilingual Italian-English Short Stories

Coledown Bilingual Books

Published by Coledown Bilingual Books, 2023.

THE ART OF SMILES AND OTHER STORIES: BILINGUAL ITALIAN-ENGLISH SHORT STORIES

First edition. September 28, 2023.

Copyright © 2023 Coledown Bilingual Books.

ISBN: 979-8223764311

Written by Coledown Bilingual Books.

Table of Contents

Un Viaggio Verso la Felicità

Era una calda giornata d'estate a Firenze, quando Giulia si svegliò con un desiderio ardente di avventura. Aveva sempre sognato di scoprire il mondo e di trovare la felicità in luoghi lontani e misteriosi. La sua vita fino a quel momento era stata piuttosto ordinaria; una giovane donna italiana con una passione per i libri e un lavoro noioso in una piccola libreria del quartiere.

Mentre sorseggiava il suo caffè mattutino, il sole filtrava attraverso la finestra e illuminava un vecchio orologio da taschino che giaceva sulla mensola della cucina. Quell'orologio era stato un regalo da parte di suo nonno, un uomo misterioso che aveva trascorso la sua vita viaggiando per il mondo alla ricerca di tesori nascosti. Giulia non aveva mai avuto l'opportunità di conoscerlo, ma aveva sentito innumerevoli storie su di lui da sua madre.

Decisa a scoprire di più sul suo passato e sul significato di quell'orologio, Giulia decise di intraprendere un viaggio che l'avrebbe condotta verso l'ignoto. Aveva letto abbastanza romanzi d'avventura da sapere che ogni viaggio cominciava con un primo passo, e il suo primo passo fu quello di aprire la vecchia valigia di cuoio di suo nonno, che aveva sempre tenuto nascosta in fondo all'armadio.

All'interno della valigia, Giulia trovò una serie di vecchie mappe, quaderni pieni di annotazioni scritte a mano e fotografie sbiadite. C'era anche una lettera indirizzata a lei, scritta dalla mano tremante di suo nonno. La lettera raccontava la sua lunga ricerca di un antico artefatto, un pendente che si diceva portasse fortuna a chi lo possedesse. Giulia era affascinata dalla storia e decise che era giunto il momento di portare a termine la missione di suo nonno.

Il suo primo destino fu Roma, la città eterna. Lì, Giulia iniziò a seguire le tracce lasciate da suo nonno, visitando antichi mercati e biblioteche polverose. Mentre attraversava le strade affollate di Roma, si imbatté in un gentiluomo anziano che sembrava avere un'aria di saggezza. Lo avvicinò e gli mostrò una delle mappe di suo nonno.

L'uomo anziano studiò la mappa con attenzione e poi sorrise gentilmente. "Questo è un antico simbolo etrusco", disse. "Se vuoi scoprire di più sulla tua ricerca, devi andare a Orvieto, una città non lontana da qui."

Così, Giulia partì per Orvieto, una pittoresca città collinare con una storia antica. Lì, incontrò un archeologo appassionato di nome Luca, che la aiutò a svelare i segreti nascosti della città. Insieme, esplorarono antiche catacombe, percorsero strade strette e tortuose, e si immergono nella cultura e nella storia di Orvieto.

Mentre la loro ricerca proseguiva, Giulia e Luca iniziarono a sviluppare una profonda connessione. Trovavano gioia nelle piccole cose, come gustare un bicchiere di vino sotto le stelle o condividere storie intorno a un tavolo da caffè. Ma c'era sempre un sottofondo di mistero, poiché erano sempre alla ricerca del pendente perduto.

Le loro indagini li portarono a contatto con una rete segreta di cercatori di tesori e antiquari, tutti desiderosi di mettere le mani sul pendente. Giulia e Luca dovettero affrontare inganni, enigmi e persino pericoli fisici mentre si avventuravano più a fondo nel mistero.

Ma il viaggio non era solo un'epica caccia al tesoro. Era una ricerca di sé stessi, un'opportunità per Giulia di scoprire il suo coraggio e la sua passione per la vita, e per Luca di trovare un senso di appartenenza e di scoprire l'amore.

Alla fine, dopo molte avventure e sfide, Giulia e Luca trovarono il pendente. Ma ciò che avevano imparato lungo il cammino era molto più prezioso di qualsiasi tesoro. Scoprirono che la vera felicità non risiedeva nelle ricchezze materiali, ma nell'amore, nell'amicizia e nell'avventura.

Il loro viaggio verso la felicità li aveva portati a scoprire il significato più profondo della vita. Mentre si tenevano per mano, guardando il tramonto su Orvieto, Giulia sorrise e si sentì finalmente completa. La sua avventura era iniziata come una ricerca di un oggetto perduto, ma si era trasformata in una scoperta di sé stessa e dell'amore che aveva sempre desiderato.

A Journey to Happiness

It was a warm summer day in Florence when Giulia woke up with a burning desire for adventure. She had always dreamed of discovering the world and finding happiness in distant and mysterious places. Her life up until that point had been rather ordinary; a young Italian woman with a passion for books and a dull job at a small neighborhood bookstore.

As she sipped her morning coffee, the sun streamed through the window and illuminated an old pocket watch resting on the kitchen shelf. That watch had been a gift from her grandfather, a mysterious man who had spent his life traveling the world in search of hidden treasures. Giulia had never had the opportunity to meet him, but she had heard countless stories about him from her mother.

Determined to learn more about her past and the significance of that watch, Giulia decided to embark on a journey that would take her into the unknown. She had read enough adventure novels to know that every journey began with a first step, and her first step was to open her grandfather's old leather suitcase, which she had always kept hidden at the back of the closet.

Inside the suitcase, Giulia found a series of old maps, notebooks filled with handwritten notes, and faded photographs. There was also a letter addressed to her, written in her grandfather's trembling hand. The letter told the story of his long search for an ancient artifact, a pendant that was said to bring luck to its possessor. Giulia was fascinated by the tale and decided that it was time to fulfill her grandfather's mission.

Her first destination was Rome, the Eternal City. There, Giulia began to follow the trails left by her grandfather, visiting ancient markets and dusty libraries. As she wandered through the bustling streets of Rome, she encountered an elderly gentleman who seemed to exude wisdom. She approached him and showed him one of her grandfather's maps.

The elderly man studied the map carefully and then smiled kindly. "This is an ancient Etruscan symbol," he said. "If you want to learn more about your quest, you must go to Orvieto, a city not far from here."

So, Giulia set off for Orvieto, a picturesque hilltop town with a rich history. There, she met a passionate archaeologist named Luca, who helped her uncover the hidden secrets of the city. Together, they explored ancient catacombs, navigated narrow winding streets, and immersed themselves in the culture and history of Orvieto.

As their quest continued, Giulia and Luca developed a deep connection. They found joy in simple things, like savoring a glass of wine under the stars or sharing stories around a coffee table. But there was always an undercurrent of mystery as they were constantly in pursuit of the lost pendant.

Their investigations brought them into contact with a secret network of treasure hunters and antique dealers, all eager to get their hands on the pendant. Giulia and Luca had to face deception, riddles, and even physical dangers as they ventured deeper into the mystery.

But the journey was not just an epic treasure hunt. It was a journey of self-discovery, an opportunity for Giulia to find her courage and passion for life, and for Luca to find a sense of belonging and discover love.

In the end, after many adventures and challenges, Giulia and Luca found the pendant. But what they had learned along the way was far more precious than any treasure. They discovered that true happiness did not reside in material riches but in love, friendship, and adventure.

Their journey to happiness had led them to uncover the deeper meaning of life. Holding hands and watching the sunset over Orvieto, Giulia smiled and finally felt complete. Her adventure had begun as a quest for a lost object but had transformed into a discovery of herself and the love she had always longed for.

L'Enigma delle Rose Rosse

Era una tranquilla giornata di primavera nella pittoresca città di Verona. I petali di rose rosse cadevano leggeri per le strade, creando un tappeto fragrante sotto i piedi dei passanti. In questa città ricca di storia e passione, viveva una giovane donna di nome Isabella. La sua vita, fino a quel momento, era stata tranquilla e ordinaria.

Isabella lavorava in una piccola libreria antiquaria gestita dalla sua famiglia da generazioni. Amava immergersi tra gli scaffali di libri antichi, sentendo il profumo delle pagine ingiallite. Ma dietro il suo aspetto calmo e riservato, bruciava un desiderio ardente di avventura.

Un giorno, mentre sistemava alcuni libri nella libreria, Isabella trovò un antico volume di poesie. All'interno del libro, c'era una dedica scritta a mano che catturò la sua attenzione. Diceva: "Per la mia amata Rosalinda, le rose rosse del mio cuore." Non c'era alcun nome o data, solo quella misteriosa dedica.

L'enigma delle rose rosse catturò l'immaginazione di Isabella. Iniziò a cercare indizi nel libro e tra le pagine, ma non trovò nulla che potesse condurla alla soluzione del mistero. Decise allora di chiedere aiuto al suo migliore amico, Marco, un giovane scrittore appassionato di enigmi.

Marco era affascinato dal mistero delle rose rosse e si unì con entusiasmo all'indagine. Iniziarono a esaminare il libro più attentamente e scoprirono una serie di indizi nascosti tra le pagine. Gli indizi li portarono a una vecchia villa abbandonata alle porte di Verona.

Mentre esploravano la villa, Isabella e Marco fecero una scoperta straordinaria. Trovarono un giardino segreto nascosto dietro un muro di rose rosse in fiore. Nel giardino c'era una fontana con una scritta incisa che diceva: "Il cuore di Rosalinda è il mio tesoro più prezioso."

La scoperta del giardino li portò a indagare ulteriormente sulla storia di Rosalinda. Scoprirono che Rosalinda era stata una giovane donna misteriosa che aveva vissuto nella villa molti anni prima. Era appassionata di poesia e amava le rose rosse.

Con l'aiuto di anziani residenti del quartiere, Isabella e Marco raccolsero frammenti di storie e ricordi su Rosalinda. Scoprirono che era stata innamorata di un giovane poeta di nome Alessandro, il cui cuore era stato spezzato quando Rosalinda era misteriosamente scomparsa.

Isabella e Marco non riuscivano a resistere alla tentazione di risolvere completamente l'enigma delle rose rosse. Iniziarono a cercare indizi che potessero condurli a scoprire cosa era successo a Rosalinda e se il suo amore, Alessandro, era ancora vivo.

La loro ricerca li portò a vecchie lettere d'amore nascoste tra le pagine di un libro di poesie e a un diario segreto che rivelava i pensieri più intimi di Rosalinda. Attraverso queste scoperte, ricostruirono la storia d'amore tra Rosalinda e Alessandro e la tragica fine che aveva portato alla scomparsa di Rosalinda.

Con il passare del tempo, Isabella e Marco si avvicinarono sempre di più nella loro ricerca, e l'amicizia si trasformò in amore. Ma l'enigma delle rose rosse rimaneva irrisolto.

Infine, in una fredda notte d'inverno, mentre Isabella e Marco esaminavano gli ultimi indizi, trovarono una vecchia lettera indirizzata a Rosalinda. La lettera conteneva un'ultima dedica d'amore da parte di Alessandro. Con questo indizio finale, Isabella e Marco scoprirono la verità sulla scomparsa di Rosalinda e il destino di Alessandro.

Nonostante l'enigma delle rose rosse fosse stato risolto, il loro amore per la storia e l'avventura non diminuì mai. Continuarono a cercare nuovi misteri da svelare, sapendo che il mondo era pieno di segreti nascosti, solo in attesa di essere scoperti. E così, la loro storia d'amore si fuse con la passione per l'enigma, creando una vita ricca di avventure e misteri da condividere insieme.

The Enigma of the Red Roses

It was a peaceful spring day in the picturesque city of Verona. Red rose petals fell lightly on the streets, creating a fragrant carpet under the feet of passersby. In this city rich in history and passion lived a young woman named Isabella. Her life, up to that point, had been quiet and ordinary.

Isabella worked in a small antiquarian bookstore run by her family for generations. She loved immersing herself among the shelves of old books, smelling the scent of yellowed pages. But behind her calm and reserved appearance, there burned a burning desire for adventure.

One day, while arranging some books in the bookstore, Isabella found an ancient volume of poetry. Inside the book, there was a handwritten dedication that caught her attention. It said: "To my beloved Rosalinda, the red roses of my heart." There was no name or date, only that mysterious dedication.

The enigma of the red roses captured Isabella's imagination. She began to search for clues in the book and between the pages, but found nothing that could lead her to the solution of the mystery. She then decided to seek help from her best friend, Marco, a young writer passionate about puzzles.

Marco was fascinated by the mystery of the red roses and eagerly joined the investigation. They began to examine the book more closely and discovered a series of clues hidden between the pages.

The clues led them to an old abandoned villa on the outskirts of Verona.

As they explored the villa, Isabella and Marco made an extraordinary discovery. They found a secret garden hidden behind a wall of blooming red roses. In the garden, there was a fountain with an engraved inscription that read: "Rosalinda's heart is my most precious treasure."

The discovery of the garden led them to further investigate the story of Rosalinda. They found out that Rosalinda had been a mysterious young woman who had lived in the villa many years before. She was passionate about poetry and loved red roses.

With the help of elderly residents of the neighborhood, Isabella and Marco collected fragments of stories and memories about Rosalinda. They discovered that she had been in love with a young poet named Alessandro, whose heart had been broken when Rosalinda mysteriously disappeared.

Isabella and Marco couldn't resist the temptation to completely unravel the enigma of the red roses. They began searching for clues that could lead them to find out what had happened to Rosalinda and if her love, Alessandro, was still alive.

Their research led them to old love letters hidden between the pages of a poetry book and a secret diary that revealed Rosalinda's most intimate thoughts. Through these discoveries, they reconstructed the love story between Rosalinda and Alessandro and the tragic end that had led to Rosalinda's disappearance.

As time went by, Isabella and Marco grew closer and closer in their quest, and friendship turned into love. But the enigma of the red roses remained unsolved.

Finally, on a cold winter night, as Isabella and Marco examined the last clues, they found an old letter addressed to Rosalinda. The letter contained one final love dedication from Alessandro. With this final clue, Isabella and Marco discovered the truth about Rosalinda's disappearance and Alessandro's fate.

Although the enigma of the red roses had been solved, their love for history and adventure never waned. They continued to seek new mysteries to unravel, knowing that the world was full of hidden secrets, just waiting to be discovered. And so, their love story merged with a passion for the enigma, creating a life rich in adventures and mysteries to share together.

Il Viaggio dell'Ultima Farfalla

Sulla costa della splendida Sicilia, dove il mare cristallino si confondeva con il cielo azzurro, viveva una giovane donna di nome Alessia. Era conosciuta in tutto il villaggio come la custode delle farfalle. La sua casa era circondata da giardini rigogliosi, dove centinaia di farfalle colorate danzavano tra i fiori.

Fin dall'infanzia, Alessia aveva avuto un amore profondo per le farfalle. Ammirava la loro bellezza fragile e la loro grazia mentre volavano libere nel cielo. Passava ore a studiarle da vicino, a prendersi cura delle loro uova e a nutrire le giovani larve.

Una notte, mentre guardava il cielo stellato sopra il suo giardino, Alessia fece un desiderio. Sognava di vedere una farfalla rarissima, l'ultima farfalla a macchia dorata, di cui aveva sentito parlare solo nelle leggende di famiglia. Si diceva che questa farfalla avesse ali d'oro e potesse portare fortuna a chiunque la vedesse.

Il giorno seguente, Alessia decise di intraprendere un viaggio straordinario alla ricerca dell'ultima farfalla a macchia dorata. Aveva sentito che poteva trovarsi nelle remote montagne dell'entroterra siciliano. Preparò uno zaino con provviste, una tenda e una fotocamera, pronta a catturare il momento in cui avrebbe finalmente incontrato quella leggendaria farfalla.

Il viaggio di Alessia fu un'avventura epica attraverso paesaggi mozzafiato e foreste incontaminate. Camminò per giorni, seguendo sentieri stretti e scalando ripidi pendii. Durante le notti, dormiva sotto un cielo stellato, ascoltando il suono della natura che la circondava.

Dopo settimane di esplorazione, Alessia raggiunse la regione delle montagne dove si diceva che l'ultima farfalla a macchia dorata potesse essere avvistata. Ma il tempo passava, e non riusciva a trovare alcuna traccia della leggendaria farfalla. Iniziò a sentirsi scoraggiata, ma la sua determinazione era più forte del mai.

Un giorno, mentre stava cercando tra i fiori di un prato alpino, Alessia notò un brillio dorato tra i petali. Con il cuore in gola, si avvicinò lentamente e vide la farfalla che aveva sognato per tutta la vita: l'ultima farfalla a macchia dorata.

Le ali di questa creatura erano dorate come il sole e avevano macchie scure che sembravano stelle lontane. Era una visione così straordinaria che Alessia rimase senza parole. Con delicatezza, stese la mano e la farfalla si posò su di essa.

Per un attimo, il tempo sembrò fermarsi. Alessia era incantata dalla bellezza della farfalla, e sembrava che anche la farfalla fosse affascinata da Alessia. Poi, con un battito d'ali leggero, la farfalla si alzò in volo, disegnando cerchi dorati nell'aria prima di scomparire tra le montagne.

Alessia sapeva che quel momento sarebbe rimasto con lei per sempre. Aveva realizzato il suo sogno e aveva visto l'ultima farfalla a macchia dorata. Il suo cuore era colmo di gioia, e sentiva di portare con sé la fortuna che quella farfalla portava.

Ritornò al suo villaggio natale e raccontò a tutti la storia del suo straordinario viaggio e dell'incontro con l'ultima farfalla a macchia dorata. Le persone del villaggio erano affascinate dalla sua storia e la consideravano una sorta di eroina. Il suo giardino, ora più che mai, era un luogo di meraviglia e ispirazione.

Con il passare degli anni, Alessia continuò a prendersi cura delle farfalle nel suo giardino e condivise la sua storia con generazioni future. La sua casa divenne un luogo di pellegrinaggio per gli amanti della natura e gli appassionati di farfalle, che venivano da ogni parte del mondo per vedere il luogo in cui l'ultima farfalla a macchia dorata era stata avvistata.

Ma ciò che rendeva ancora più speciale Alessia non era solo la sua storia, ma la sua gentilezza e il suo amore per la natura. Continuò a insegnare ai giovani del villaggio l'importanza della conservazione e del rispetto per l'ambiente.

Con il passare del tempo, Alessia invecchiò ma la sua passione per le farfalle non svanì mai. Un giorno, mentre passeggiava nel suo giardino, notò un gruppo di giovani farfalle con ali dorate. Erano le farfalle che erano nate dalla progenie dell'ultima farfalla a macchia dorata che aveva incontrato molti anni prima.

Alessia sorrise, sapendo che la bellezza e la magia delle farfalle sarebbero continuate a vivere attraverso le generazioni. Il suo cuore era colmo di gratitudine per aver avuto la fortuna di compiere quel straordinario viaggio alla ricerca dell'ultima farfalla a macchia dorata.

E così, la storia di Alessia, la custode delle farfalle, e del suo viaggio epico, divenne una leggenda nel suo villaggio e oltre.

Era una storia di determinazione, bellezza e della straordinaria connessione tra l'uomo e la natura, che avrebbe ispirato le persone per sempre.

The Journey of the Last Golden Butterfly

On the coast of beautiful Sicily, where the crystalline sea blended with the blue sky, lived a young woman named Alessia. She was known throughout the village as the guardian of butterflies. Her home was surrounded by lush gardens where hundreds of colorful butterflies danced among the flowers.

From childhood, Alessia had held a deep love for butterflies. She admired their fragile beauty and grace as they flew freely in the sky. She spent hours studying them up close, caring for their eggs, and feeding the young larvae.

One night, as she gazed at the starry sky above her garden, Alessia made a wish. She dreamt of seeing a rare butterfly, the last golden-spotted butterfly, of which she had only heard in family legends. It was said that this butterfly had golden wings and could bring luck to anyone who saw it.

The next day, Alessia decided to embark on an extraordinary journey in search of the last golden-spotted butterfly. She had heard it might be found in the remote mountains of inland Sicily. She packed a backpack with supplies, a tent, and a camera, ready to capture the moment when she would finally encounter that legendary butterfly.

Alessia's journey was an epic adventure through breathtaking landscapes and untouched forests. She walked for days, following narrow paths and climbing steep slopes. During the nights, she slept under a starry sky, listening to the sounds of nature surrounding her.

After weeks of exploration, Alessia reached the mountain region where it was said the last golden-spotted butterfly might be spotted. But time passed, and she couldn't find any trace of the legendary butterfly. She began to feel discouraged, but her determination was stronger than ever.

One day, while searching among the alpine meadow flowers, Alessia noticed a golden shimmer among the petals. With a racing heart, she approached slowly and saw the butterfly she had dreamed of her whole life: the last golden-spotted butterfly.

The wings of this creature were golden like the sun, with dark spots that looked like distant stars. It was such an extraordinary sight that Alessia was left speechless. Gently, she extended her hand, and the butterfly landed on it.

For a moment, time seemed to stand still. Alessia was enchanted by the beauty of the butterfly, and it seemed that the butterfly was also captivated by Alessia. Then, with a light flutter of its wings, the butterfly took flight, drawing golden circles in the air before disappearing into the mountains.

Alessia knew that moment would stay with her forever. She had realized her dream and had seen the last golden-spotted butterfly. Her heart was filled with joy, and she felt she carried with her the luck that butterfly brought.

She returned to her hometown and shared the story of her extraordinary journey and her encounter with the last golden-spotted butterfly with everyone. The villagers were fascinated by her story and considered her a kind of hero. Her garden, now more than ever, was a place of wonder and inspiration.

As the years went by, Alessia continued to care for the butterflies in her garden and shared her story with future generations. Her home became a place of pilgrimage for nature lovers and butterfly enthusiasts who came from all over the world to see the spot where the last golden-spotted butterfly had been sighted.

But what made Alessia even more special was not just her story but her kindness and love for nature. She continued to teach the young people in the village the importance of conservation and respect for the environment.

As time passed, Alessia grew older, but her passion for butterflies never faded. One day, as she strolled in her garden, she noticed a group of young butterflies with golden wings. They were the butterflies that had been born from the offspring of the last golden-spotted butterfly she had encountered many years before.

Alessia smiled, knowing that the beauty and magic of butterflies would continue to live on through generations. Her heart was filled with gratitude for having had the fortune to undertake that extraordinary journey in search of the last golden-spotted butterfly.

And so, the story of Alessia, the guardian of butterflies, and her epic journey, became a legend in her village and beyond.

It was a story of determination, beauty, and the extraordinary connection between man and nature, one that would inspire people for generations to come.

L'Arte del Sorriso

———

Nel cuore di Firenze, una città intrisa di storia e cultura, viveva una giovane donna di nome Elena. Era una pittrice talentuosa con gli occhi luminosi e un sorriso radiante che aveva il potere di illuminare la giornata di chiunque la incontrasse. Elena aveva un legame profondo con l'arte, ma il suo amore più grande era per il sorriso.

Fin dall'infanzia, aveva notato quanto il sorriso fosse contagioso e potesse trasformare il mondo intorno a lei. Sapeva che ogni sorriso raccontava una storia, e voleva catturare quelle storie sulla tela. Così, ogni mattina, si sedeva davanti al suo cavalletto e dipingeva con passione.

Le sue opere erano un inno alla gioia e all'ottimismo. Ritratti di bambini che ridevano, anziani che sorridevano con saggezza e amanti che condividevano momenti di felicità. Ogni quadro era una finestra aperta sul mondo del sorriso.

Un giorno, mentre passeggiava per il mercato di San Lorenzo, Elena notò un uomo anziano che sembrava triste e abbattuto. Il suo volto era segnato dal tempo, ma ciò che colpì Elena fu l'assenza del sorriso. Si avvicinò all'uomo e gli sorrise calorosamente.

L'uomo sembrò sorpreso da quell'atto di gentilezza e lentamente, un timido sorriso si diffuse sul suo volto. Fu un momento magico che toccò profondamente il cuore di Elena. Scoprì che l'uomo si chiamava Giovanni ed era un artista dilettante che aveva smesso di dipingere dopo la perdita della moglie.

Elena e Giovanni iniziarono a parlare, condividendo storie e passioni. Scoprirono di avere una connessione speciale: entrambi credevano nell'arte del sorriso e nell'importanza di portare gioia agli altri. Elena propose di mostrare a Giovanni il suo studio e le sue opere. Mentre esploravano i quadri colorati e pieni di vita, Giovanni sentì risvegliarsi dentro di sé la passione per la pittura che aveva perduto.

La giovane artista offrì a Giovanni l'opportunità di collaborare con lei in uno dei suoi progetti. Voleva creare un grande murale nella piazza principale di Firenze che rappresentasse il potere del sorriso. Giovanni accettò con entusiasmo, e insieme iniziarono a pianificare e dipingere il murale.

I giorni si trasformarono in settimane, e le settimane in mesi, mentre Elena e Giovanni lavoravano fianco a fianco al murale. Ogni pennellata era un atto d'amore verso l'arte e verso la gioia che il sorriso poteva portare nella vita delle persone. Il murale prendeva forma, e il volto di Firenze iniziò a cambiare.

La notizia del murale si diffuse rapidamente nella città. I residenti iniziarono a visitare il cantiere, incuriositi dalla trasformazione della piazza. Il sorriso divenne il protagonista del progetto, con ritratti di persone comuni che sorridevano felici.

Ma ciò che rese il murale davvero speciale fu la partecipazione attiva dei cittadini. Elena e Giovanni decisero di coinvolgere la comunità, invitando chiunque volesse a venire a dipingere un pezzetto del murale. I residenti di ogni età, dai bambini agli anziani, affollarono la piazza, portando con sé la propria gioia e condividendola con gli altri.

Il murale divenne un simbolo di unità e felicità per Firenze. La piazza si trasformò in un luogo di incontro, di risate e di condivisione. Le persone sorridevano non solo davanti al murale, ma anche l'una all'altra. La città stessa sembrava risvegliarsi con un nuovo spirito, grazie all'arte del sorriso.

Mentre il murale si completava, Elena e Giovanni continuarono a dipingere volti di persone che avevano attraversato momenti difficili ma che avevano ritrovato la gioia attraverso il sorriso. Era un omaggio alla forza dell'ottimismo e alla capacità dell'arte di ispirare speranza.

Il giorno dell'inaugurazione del murale fu un evento straordinario. La piazza era gremita di persone che ridevano e condividevano storie. Il murale era un trionfo di colori e di sorrisi, una celebrazione della bellezza della vita.

Mentre Elena e Giovanni ammiravano il murale completato, si guardarono negli occhi e si sorridero con gratitudine. Avevano portato il sorriso non solo nella vita dell'altro ma anche nella vita di tutta la città.

La storia di Elena e Giovanni e del loro murale dell'arte del sorriso si diffuse oltre i confini di Firenze. Le persone venivano da ogni parte del mondo per vedere il murale e per imparare l'importanza di condividere la gioia attraverso il sorriso.

Elena e Giovanni continuarono a dipingere e a diffondere il messaggio del sorriso, portando la loro arte in luoghi lontani.

Ma il loro cuore rimase sempre a Firenze, nella città che aveva imparato a sorridere ancora una volta grazie a loro.

In fondo, il sorriso aveva il potere di cambiare il mondo, e Elena e Giovanni lo avevano dimostrato con il loro amore per l'arte e per la felicità. Era una lezione che avrebbero insegnato per sempre, attraverso i loro quadri e attraverso il sorriso che portavano nel cuore.

The Art of Smiles

In the heart of Florence, a city steeped in history and culture, lived a young woman named Elena. She was a talented painter with bright eyes and a radiant smile that had the power to brighten anyone's day. Elena had a deep connection with art, but her greatest love was for smiles.

From childhood, she had noticed how contagious smiles were and how they could transform the world around her. She knew that every smile told a story, and she wanted to capture those stories on canvas. So, every morning, she sat in front of her easel and painted with passion.

Her works were an ode to joy and optimism. Portraits of laughing children, wise elderly individuals with smiles, and lovers sharing moments of happiness. Each painting was an open window into the world of smiles.

One day, while strolling through the San Lorenzo market, Elena noticed an elderly man who seemed sad and dejected. His face was marked by time, but what struck Elena was the absence of a smile. She approached the man and warmly smiled at him.

The man seemed surprised by this act of kindness, and slowly, a timid smile spread across his face. It was a magical moment that touched Elena deeply. She learned that the man's name was Giovanni, an amateur artist who had stopped painting after the loss of his wife.

Elena and Giovanni began to talk, sharing stories and passions. They discovered they had a special connection: both believed in the art of the smile and in the importance of bringing joy to others. Elena suggested showing Giovanni her studio and her works. As they explored the colorful and lively paintings, Giovanni felt the passion for painting that he had lost rekindle inside him.

The young artist offered Giovanni the opportunity to collaborate with her on one of her projects. She wanted to create a large mural in Florence's main square that represented the power of smiles. Giovanni eagerly agreed, and together, they began planning and painting the mural.

Days turned into weeks, and weeks into months, as Elena and Giovanni worked side by side on the mural. Every brushstroke was an act of love for art and for the joy that a smile could bring into people's lives. The mural took shape, and Florence's face began to change.

The news of the mural quickly spread through the city. Residents began to visit the site, curious about the transformation of the square. The smile became the star of the project, with portraits of ordinary people smiling happily.

But what made the mural truly special was the active participation of the citizens. Elena and Giovanni decided to involve the community, inviting anyone who wanted to come and paint a piece of the mural. People of all ages, from children to the elderly, crowded the square, bringing their own joy and sharing it with others.

The mural became a symbol of unity and happiness for Florence. The square turned into a meeting place, full of laughter and sharing. People smiled not only in front of the mural but also at each other. The city itself seemed to awaken with a new spirit, thanks to the art of the smile.

As the mural neared completion, Elena and Giovanni continued to paint the faces of people who had gone through difficult times but had found joy through smiling. It was a tribute to the power of optimism and to art's ability to inspire hope.

The day of the mural's inauguration was an extraordinary event. The square was filled with people laughing and sharing stories. The mural was a triumph of colors and smiles, a celebration of the beauty of life.

As Elena and Giovanni admired the completed mural, they looked into each other's eyes and smiled with gratitude. They had brought a smile not only into each other's lives but also into the lives of the entire city.

The story of Elena and Giovanni and their mural of the art of smiles spread beyond the borders of Florence. People came from all over the world to see the mural and to learn the importance of sharing joy through smiles.

Elena and Giovanni continued to paint and spread the message of smiles, taking their art to distant places. But their hearts always remained in Florence, the city that had learned to smile once again thanks to them.

In the end, the smile had the power to change the world, and Elena and Giovanni had proven it with their love for art and for happiness. It was a lesson they would teach forever, through their paintings and through the smiles they carried in their hearts.

L'Isola dei Sogni Perduti

C'era una volta, in un tempo lontano e in una terra lontana, un'isola nascosta chiamata l'Isola dei Sogni Perduti. Questa isola non appariva sulle mappe, e solo coloro che avevano perso la speranza di realizzare i propri sogni potevano trovarla.

L'isola era avvolta da una nebbia misteriosa che la rendeva invisibile agli occhi degli uomini comuni. Ma per coloro che desideravano ardentemente realizzare i loro sogni, questa nebbia si diradava, e l'isola diventava visibile. Per raggiungerla, dovevi crederci con tutto il cuore.

Un giorno, un giovane di nome Luca si ritrovò in un momento della sua vita in cui sembrava che tutti i suoi sogni si fossero infranti. Aveva sempre desiderato diventare un musicista famoso, ma non era mai riuscito a sfondare nel mondo della musica. La sua chitarra era rimasta nascosta in un angolo della sua stanza, coperta di polvere.

Una notte, mentre guardava le stelle dal suo balcone, Luca sentì parlare dell'Isola dei Sogni Perduti. Era una storia che gli aveva raccontato sua nonna quando era bambino. La nonna gli aveva detto che l'isola poteva realizzare qualsiasi sogno, ma solo se credevi profondamente in esso.

Luca decise di partire per l'Isola dei Sogni Perduti. Iniziò a cercare indizi e storie di altri che l'avevano trovata. Scoprì che doveva seguire la stella più luminosa nel cielo notturno e navigare verso essa. Era un viaggio pericoloso, ma Luca era determinato a trovare l'isola e realizzare il suo sogno di diventare un musicista.

Con una piccola barca e la sua chitarra come unico bagaglio, Luca salpò in mare aperto. Le onde erano alte, e il vento soffiava forte, ma la stella luminosa lo guidava. Le notti erano fredde e spaventose, ma Luca continuava a cantare canzoni di speranza mentre guardava il cielo stellato.

Dopo giorni di navigazione, finalmente vide una leggera foschia all'orizzonte. Era l'Isola dei Sogni Perduti, avvolta nella sua nebbia misteriosa. Con il cuore che batteva all'impazzata, Luca si avvicinò all'isola e lentamente entrò nella nebbia.

Una volta atterrato, Luca si ritrovò in un mondo diverso da qualsiasi cosa avesse mai visto. L'isola era un luogo magico, con alberi altissimi che sembravano toccare il cielo e fiori che brillavano di colori vivaci. L'aria era impregnata di musica, e ogni suono sembrava danzare nell'aria.

Luca sapeva di essere arrivato nel posto giusto. Prese la sua chitarra e iniziò a suonare una melodia triste ma appassionata. La musica riempì l'aria, e presto si unirono a lui altri musicisti, ciascuno con il proprio strumento magico.

Mentre suonavano insieme, Luca sentì una forza straordinaria crescere dentro di lui. Era come se la musica stesse trasformando i suoi sogni in realtà. Continuarono a suonare per ore, finché finalmente Luca si fermò, esausto ma felice.

Fu allora che un'anziana donna apparve davanti a lui. Era vestita con abiti luminosi e aveva occhi saggi che sembravano leggere i pensieri di Luca. Si presentò come la Custode dell'Isola dei Sogni Perduti.

La Custode spiegò a Luca che l'isola aveva il potere di dare vita ai sogni, ma solo a coloro che credevano in essi. Dovevi dimostrare la tua dedizione e il tuo impegno per vedere i tuoi sogni realizzarsi. L'isola ti avrebbe dato gli strumenti, ma dovevi suonare la tua melodia con tutto il cuore.

Luca promise alla Custode che avrebbe fatto tutto il possibile per realizzare il suo sogno di diventare un musicista famoso. La Custode gli sorrise calorosamente e gli consegnò una chitarra incantata, diversa da qualunque altra avesse mai visto. Era scolpita con simboli antichi e emanava una luce dorata.

Con la chitarra incantata in mano, Luca iniziò a suonare la sua musica per il mondo. Ovunque andasse, la sua musica toccava il cuore delle persone e riempiva di gioia chiunque l'ascoltasse. Le sue canzoni erano un richiamo alla speranza e alla bellezza della vita.

Con il tempo, Luca divenne un musicista famoso in tutto il mondo. Le sue canzoni erano ascoltate da milioni di persone, e i suoi concerti erano eventi straordinari di gioia e celebrazione. Ma Luca non aveva dimenticato l'Isola dei Sogni Perduti e la Custode che aveva reso possibile il suo sogno.

Decise di tornare sull'isola per ringraziare la Custode e condividere il suo successo. Quando entrò nella nebbia e atterrò sull'isola, la Custode lo accolse con un sorriso. Era la stessa donna saggia che aveva incontrato la prima volta, ma ora emanava una luce ancora più radiante.

Luca le raccontò della sua carriera e di quanto fosse grato per il dono che l'isola gli aveva dato. La Custode gli disse che la sua musica aveva portato gioia in tutto il mondo, e questo era il vero scopo dell'Isola dei Sogni Perduti: diffondere la gioia attraverso i sogni realizzati.

Luca suonò una melodia di ringraziamento sulla sua chitarra incantata, e la musica riempì l'aria, portando felicità a tutti gli abitanti dell'isola. Era un momento magico, un'armonia di speranza e gratitudine.

Prima di partire, la Custode disse a Luca che l'isola avrebbe sempre un posto speciale nel suo cuore. Doveva ricordare che il potere di realizzare i sogni era dentro di lui, e l'isola aveva solo aiutato a liberarlo. Luca tornò al mondo degli uomini, ma portò con sé la saggezza e la gioia dell'Isola dei Sogni Perduti.

Per il resto della sua vita, Luca continuò a suonare la sua musica e a ispirare le persone con la bellezza dei sogni realizzati. Non dimenticò mai l'isola e la Custode che aveva reso possibile il suo sogno.

E così, la leggenda dell'Isola dei Sogni Perduti continuò a diffondersi, ispirando coloro che avevano perso la speranza a credere nei propri sogni e a realizzarli con tutto il cuore. Era un luogo magico dove i sogni diventavano realtà, e la speranza era eterna.

The Island of Lost Dreams

Once upon a time, in a distant land and a distant time, there was a hidden island called the Island of Lost Dreams. This island did not appear on maps, and only those who had lost hope in realizing their dreams could find it.

The island was shrouded in a mysterious fog that made it invisible to the eyes of ordinary men. But for those who ardently wished to make their dreams come true, this fog would thin, and the island would become visible. To reach it, you had to believe in it with all your heart.

One day, a young man named Luca found himself at a point in his life where it seemed like all his dreams had shattered. He had always wanted to become a famous musician, but he had never managed to break into the world of music. His guitar remained hidden in a corner of his room, covered in dust.

One night, as he gazed at the stars from his balcony, Luca heard about the Island of Lost Dreams. It was a story his grandmother had told him when he was a child. His grandmother had said that the island could make any dream come true, but only if you believed deeply in it.

Luca decided to set off for the Island of Lost Dreams. He began searching for clues and stories of others who had found it. He learned that he had to follow the brightest star in the night sky and sail toward it. It was a perilous journey, but Luca was determined to find the island and realize his dream of becoming a famous musician.

With a small boat and his guitar as his only luggage, Luca set sail into the open sea. The waves were high, and the wind blew fiercely, but the bright star guided him. The nights were cold and frightening, but Luca kept singing songs of hope as he gazed at the starry sky.

After days of sailing, he finally saw a faint mist on the horizon. It was the Island of Lost Dreams, shrouded in its mysterious fog. With his heart pounding, Luca approached the island and slowly entered the fog.

Once ashore, Luca found himself in a world unlike anything he had ever seen. The island was magical, with towering trees that seemed to touch the sky and flowers that shone with vivid colors. The air was filled with music, and every sound seemed to dance in the air.

Luca knew he had arrived at the right place. He took out his guitar and began to play a sad but passionate melody. The music filled the air, and soon other musicians joined him, each with their own magical instrument.

As they played together, Luca felt an extraordinary power growing within him. It was as if the music was turning his dreams into reality. They continued to play for hours, until finally Luca stopped, exhausted but happy.

It was then that an elderly woman appeared before him. She was dressed in luminous clothes and had wise eyes that seemed to read Luca's thoughts. She introduced herself as the Guardian of the Island of Lost Dreams.

The Guardian explained to Luca that the island had the power to bring dreams to life, but only to those who believed in them. You had to demonstrate your dedication and commitment to see your dreams come true. The island would give you the tools, but you had to play your melody with all your heart.

Luca promised the Guardian that he would do everything possible to realize his dream of becoming a famous musician. The Guardian smiled warmly at him and handed him an enchanted guitar, unlike any other he had ever seen. It was carved with ancient symbols and emitted a golden light.

With the enchanted guitar in hand, Luca began to play his music for the world. Wherever he went, his music touched people's hearts and filled anyone who listened with joy. His songs were a call to hope and the beauty of life.

Over time, Luca became a famous musician all over the world. His songs were heard by millions of people, and his concerts were extraordinary celebrations of joy. But Luca had not forgotten the Island of Lost Dreams and the Guardian who had made his dream possible.

He decided to return to the island to thank the Guardian and share his success. When he entered the fog and landed on the island, the Guardian welcomed him with a smile. She was the same wise woman he had met the first time, but now she radiated an even more brilliant light.

Luca told her about his career and how grateful he was for the gift the island had given him. The Guardian told him that his music had brought joy to the world, and that was the true purpose of the Island of Lost Dreams: to spread joy through realized dreams.

Luca played a thankful melody on his enchanted guitar, and the music filled the air, bringing happiness to all the island's inhabitants. It was a magical moment, a harmony of hope and gratitude.

Before leaving, the Guardian told Luca that the island would always hold a special place in his heart. He had to remember that the power to realize dreams was within him, and the island had only helped him unlock it. Luca returned to the world of men, but he carried with him the wisdom and joy of the Island of Lost Dreams.

For the rest of his life, Luca continued to play his music and inspire people with the beauty of realized dreams. He never forgot the island and the Guardian who had made his dream possible.

And so, the legend of the Island of Lost Dreams continued to spread, inspiring those who had lost hope to believe in their dreams and to realize them with all their hearts. It was a magical place where dreams came true, and hope was eternal.

La Scatola dei Ricordi

In una piccola città italiana, circondata da colline verdi e vigneti dorati, viveva una donna anziana di nome Isabella. La sua casa, un'accogliente villa di campagna, era colma di calore e ricordi. Isabella aveva trascorso la maggior parte della sua vita lì, in mezzo ai profumi dei fiori nel giardino e al suono del fiume che scorreva accanto alla sua casa.

Una delle cose più preziose di Isabella era una vecchia scatola di legno, chiamata "La Scatola dei Ricordi." Era una scatola antica e vissuta, con angoli smussati e un coperchio ornato di intarsi d'avorio. Dentro, custodiva lettere, fotografie e piccoli oggetti che rappresentavano momenti importanti della sua vita.

Una calda giornata d'estate, mentre Isabella stava seduta sotto l'ombra di un grande albero nel suo giardino, decise di aprire La Scatola dei Ricordi. Era un atto che faceva solo raramente, poiché ogni volta che apriva quella scatola, si immergeva in un mondo di emozioni e ricordi.

All'interno della scatola, trovò una vecchia fotografia in bianco e nero. Era una foto di lei da bambina, seduta accanto a suo nonno nel cortile della sua casa. Il viso di suo nonno era rugoso ma gentile, e sorrideva mentre le raccontava storie di avventure e sogni. Isabella sentì le lacrime salire agli occhi mentre guardava quella foto. Era un ricordo di un'infanzia felice, di giorni trascorsi a giocare tra le siepi di rose e le lunghe passeggiate con suo nonno.

Poi, tirò fuori una lettera gialla e ingiallita. Era una lettera d'amore scritta a mano da suo padre a sua madre durante la guerra. Le parole erano piene di amore e speranza, nonostante i tempi difficili. Leggendo quelle parole, Isabella si sentì avvolta dall'affetto dei suoi genitori, anche se erano passati molti anni dalla loro scomparsa.

Tra gli oggetti nella scatola c'era anche una piccola chiave d'oro. Era la chiave di una vecchia cassaforte che suo nonno le aveva dato quando era adolescente. Non aveva mai aperto quella cassaforte, ma ora si sentiva pronta. Prese la chiave e si diresse nella stanza del nonno, dove si trovava la cassaforte.

Con mano tremante, inserì la chiave nella serratura e girò. La cassaforte si aprì lentamente, svelando un prezioso tesoro. All'interno, c'erano gioielli antichi e una vecchia cassetta delle lettere. Era la cassetta delle lettere che suo nonno aveva usato per conservare tutte le lettere d'amore che aveva scritto a sua nonna nel corso degli anni.

Isabella aprì la cassetta delle lettere e iniziò a leggerle una per una. Erano lettere piene di amore, passione e tenerezza. Ogni parola era una dichiarazione d'amore, una promessa di eterno affetto. Isabella poteva sentire la profonda connessione tra suo nonno e sua nonna, anche dopo tutti quegli anni.

Mentre leggeva le lettere, un piccolo quaderno attirò la sua attenzione. Era un diario che suo nonno aveva tenuto quando era giovane. Iniziò a leggerlo e scoprì che suo nonno aveva annotato i suoi sogni e le sue ambizioni, le avventure che aveva vissuto e le sfide che aveva superato. Era un registro delle sue esperienze di vita, delle sue speranze e dei suoi desideri.

Isabella si rese conto che il diario di suo nonno era un vero e proprio tesoro di saggezza. Conteneva le lezioni apprese dalla vita, i momenti di felicità e i momenti di tristezza. Era un'eredità preziosa che suo nonno le aveva lasciato, una guida per affrontare la vita con coraggio e amore.

Dopo aver esplorato il contenuto della cassaforte, Isabella decise di condividere queste scoperte con la sua famiglia. Riunì i suoi figli e nipoti nel giardino e raccontò loro storie di suo nonno, mostrandogli la fotografia, le lettere e il diario. Era un momento di condivisione e connessione, un modo per mantenere viva la memoria della famiglia e la ricchezza dei ricordi.

Quella giornata nel giardino divenne una tradizione annuale per la famiglia di Isabella. Ogni anno, si riunivano per aprire La Scatola dei Ricordi e riscoprire le storie e i tesori nascosti. Era un modo per connettersi con il passato, imparare dalle esperienze dei loro antenati e celebrare l'amore e l'affetto che li aveva legati nel corso degli anni.

Isabella aveva scoperto che La Scatola dei Ricordi non conteneva solo oggetti fisici, ma anche la bellezza dei ricordi e la saggezza delle generazioni passate. Era un tesoro che avrebbe condiviso con la sua famiglia per sempre, un legame indissolubile tra il passato, il presente e il futuro.

E così, nella piccola città italiana circondata da colline verdi e vigneti dorati, la tradizione di La Scatola dei Ricordi continuò a tramandarsi di generazione in generazione. Era un ricordo tangibile della forza della famiglia e dell'importanza di preservare le storie e i ricordi che rendevano ogni famiglia unica. Era un tributo all'amore che viveva nei cuori di tutti coloro che avevano contribuito a riempire quella scatola di tesori indelebili.

The Memory Box

In a small Italian town, surrounded by green hills and golden vineyards, lived an elderly woman named Isabella. Her home, a cozy country villa, was filled with warmth and memories. Isabella had spent most of her life there, amidst the scents of flowers in the garden and the sound of the river that flowed beside her house.

One of Isabella's most precious possessions was an old wooden box, known as "The Memory Box." It was an aged and weathered box, with rounded corners and a lid adorned with ivory inlays. Inside, it held letters, photographs, and small objects that represented significant moments in her life.

One warm summer day, while Isabella sat beneath the shade of a large tree in her garden, she decided to open The Memory Box. It was an act she did only rarely, for each time she opened that box, she immersed herself in a world of emotions and memories.

Inside the box, she found an old black-and-white photograph. It was a picture of her as a child, seated beside her grandfather in the courtyard of their home. Her grandfather's face was weathered but kind, and he smiled as he told her stories of adventures and dreams. Tears welled up in Isabella's eyes as she gazed at the photograph. It was a memory of a happy childhood, of days spent playing among the rose hedges and long walks with her grandfather.

Then, she pulled out a yellowed, handwritten letter. It was a love letter from her father to her mother during the war. The words were filled with love and hope, despite the challenging times. Reading those words, Isabella felt enveloped in the affection of her parents, even though many years had passed since their passing.

Among the items in the box was also a small golden key. It was the key to an old safe that her grandfather had given her when she was a teenager. She had never opened that safe, but now she felt ready. She took the key and headed to her grandfather's room, where the safe was located.

With trembling hands, she inserted the key into the lock and turned it. The safe opened slowly, revealing a precious treasure. Inside, there were antique jewels and an old letterbox. It was the letterbox her grandfather had used to keep all the love letters he had written to her grandmother over the years.

Isabella opened the letterbox and began to read the letters one by one. They were letters filled with love, passion, and tenderness. Each word was a declaration of love, a promise of eternal affection. Isabella could feel the deep connection between her grandparents, even after all those years.

As she read the letters, a small notebook caught her attention. It was a diary that her grandfather had kept when he was young. She began to read it and discovered that her grandfather had recorded his dreams and ambitions, the adventures he had experienced, and the challenges he had overcome. It was a record of his life experiences, hopes, and desires.

Isabella realized that her grandfather's diary was a true treasure of wisdom. It contained life lessons, moments of happiness, and moments of sadness. It was a precious legacy that her grandfather had left her, a guide to facing life with courage and love.

After exploring the contents of the safe, Isabella decided to share her discoveries with her family. She gathered her children and grandchildren in the garden and told them stories about her grandfather, showing them the photographs, letters, and the diary. It was a moment of sharing and connection, a way to keep the family's memory alive and the richness of memories.

That day in the garden became an annual tradition for Isabella's family. Every year, they would gather to open The Memory Box and rediscover the stories and treasures hidden within. It was a way to connect with the past, learn from the experiences of their ancestors, and celebrate the love and affection that had bound them over the years.

Isabella discovered that The Memory Box did not only contain physical objects, but also the beauty of memories and the wisdom of past generations. It was a treasure that she would share with her family forever, an unbreakable bond between the past, the present, and the future.

And so, in the small Italian town surrounded by green hills and golden vineyards, the tradition of The Memory Box continued to be passed down from generation to generation. It was a tangible reminder of the strength of family and the importance of preserving the stories and memories that made each family unique. It was a tribute to the love that lived in the hearts of all those who had contributed to filling that box with indelible treasures.

48

L'Orto Incantato

In un tranquillo villaggio italiano, ai piedi di maestose montagne e circondato da campi dorati, c'era un piccolo orto incantato. Questo orto non era come gli altri; era un luogo dove la magia si mescolava con la natura e dove i sogni diventavano realtà.

La custode di questo orto era una donna anziana di nome Nonna Maria. Nonna Maria aveva vissuto in quel villaggio per tutta la sua vita e aveva imparato l'arte della coltivazione dalle generazioni che l'avevano preceduta. Ma c'era qualcosa di speciale in Nonna Maria; aveva il dono della magia.

Le piante dell'orto di Nonna Maria erano diversamente speciali. Crescevano rigogliose e producevano frutti e fiori incredibilmente belli. Le verdure erano sempre tenere e gustose, e i fiori emanavano profumi incantevoli. Gli abitanti del villaggio venivano da tutte le parti per ammirare l'orto di Nonna Maria e per assaporare i suoi prodotti magici.

Un giorno, un giovane di nome Matteo si avventurò nell'orto incantato. Era un ragazzo curioso e amante della natura, e aveva sentito parlare delle meraviglie dell'orto di Nonna Maria. Quando attraversò il cancello dell'orto, rimase senza parole di fronte alla bellezza e all'energia che emanava il luogo.

Nonna Maria lo accoglie con un sorriso e gli disse che aveva sentito il richiamo della sua curiosità. Gli offrì di esplorare l'orto e di apprendere i segreti della magia delle piante. Matteo accettò con entusiasmo e iniziò a lavorare con Nonna Maria ogni giorno.

Sotto la guida esperta di Nonna Maria, Matteo imparò i segreti della cura delle piante e della loro connessione con la magia della terra. Imparò a parlare con le piante, a comprendere i loro bisogni e a rispondere ai loro desideri. Scoprì che le piante avevano una voce, se solo fossimo disposti ad ascoltarle.

Le giornate trascorrevano piacevolmente, con Matteo che curava le piante e imparava le antiche formule magiche per farle crescere in modo rigoglioso. Nonna Maria gli insegnò come far sbocciare fiori invernali in estate e come far crescere frutti maturi in pochi giorni. Era una danza tra l'uomo e la natura, una sinfonia di colori e profumi.

Ma il segreto più grande di tutti era il "Fiore dell'Anima." Era una pianta leggendaria che, si diceva, avesse il potere di realizzare i desideri più profondi del cuore. Nonna Maria aveva coltivato il Fiore dell'Anima segretamente per molti anni, custodendo il suo potere con amore e rispetto.

Un giorno, mentre lavoravano insieme nell'orto, Matteo chiese a Nonna Maria del Fiore dell'Anima. Aveva un desiderio nel profondo del suo cuore, un sogno che aveva nutrito per anni. Nonna Maria sorrise e gli disse che poteva avere una possibilità, ma doveva dimostrare di avere un cuore puro e sincero.

Matteo accettò la sfida con gratitudine e iniziò a coltivare il Fiore dell'Anima con cura e devozione. Passò giorni e notti accanto alla pianta, parlandole e condividendo i suoi pensieri più intimi. La sua dedizione era così profonda che la pianta iniziò a rispondere.

Con grande sorpresa e gioia, un giorno il Fiore dell'Anima sbocciò con una bellezza straordinaria. Era un fiore di un colore che non esisteva in natura, un misto di sfumature luminose e profonde. Era un fiore magico, e Matteo sapeva che era il momento di fare il suo desiderio.

Stette davanti al Fiore dell'Anima e chiuse gli occhi. Con il cuore colmo di speranza, chiese il suo desiderio più profondo: la felicità e la prosperità per il suo villaggio e per tutti gli abitanti. Poi, aprì gli occhi e guardò il fiore.

Il Fiore dell'Anima iniziò a emanare una luce radiante, e una brezza leggera attraversò l'orto. Matteo sapeva che il suo desiderio stava per avverarsi. Aveva dimostrato di avere un cuore puro, e la magia dell'orto aveva risposto alla sua sincerità.

Nelle settimane e nei mesi successivi, il villaggio di Matteo iniziò a trasformarsi. Le piante dell'orto di Nonna Maria si diffusero nelle case e nei giardini di tutti gli abitanti, portando prosperità e bellezza ovunque. La gente sorrideva di più, i raccolti erano abbondanti, e la gioia riempiva l'aria.

Nonna Maria sorrise con orgoglio a Matteo e gli disse che aveva dimostrato di avere il cuore di un vero custode dell'orto incantato. Matteo continuò a lavorare nell'orto con passione, e divenne il successore di Nonna Maria, continuando a coltivare la magia delle piante e a diffondere gioia e prosperità nel suo villaggio.

E così, l'orto incantato divenne una leggenda nel villaggio italiano, un luogo dove la magia della natura e la sincerità del cuore potevano realizzare i desideri più profondi. Era un tesoro condiviso da tutti gli abitanti, un ricordo dell'importanza di custodire la magia della terra e di coltivare l'amore e la connessione con la natura.

52

The Enchanted Garden

In a tranquil Italian village, nestled at the foot of majestic mountains and surrounded by golden fields, there was a small enchanted garden. This garden was unlike any other; it was a place where magic blended with nature, and dreams came true.

The guardian of this garden was an elderly woman named Nonna Maria. Nonna Maria had lived in the village her entire life and had learned the art of cultivation from generations before her. But there was something special about Nonna Maria; she possessed the gift of magic.

The plants in Nonna Maria's garden were uniquely special. They grew lush and produced incredibly beautiful fruits and flowers. The vegetables were always tender and flavorful, and the flowers emitted enchanting fragrances. Villagers from all around came to admire Nonna Maria's garden and to savor its magical produce.

One day, a young man named Matteo ventured into the enchanted garden. He was a curious nature lover and had heard tales of the wonders of Nonna Maria's garden. When he passed through the garden gate, he was rendered speechless by the beauty and energy that the place radiated.

Nonna Maria welcomed him with a smile and told him that she had sensed the call of his curiosity. She offered him the chance to explore the garden and to learn the secrets of plant magic.

Matteo eagerly accepted and began working with Nonna Maria every day.

Under Nonna Maria's expert guidance, Matteo learned the secrets of tending to plants and their connection to the magic of the earth. He learned to communicate with the plants, understand their needs, and respond to their desires. He discovered that plants had a voice, if only we were willing to listen.

The days passed pleasantly, with Matteo caring for the plants and learning the ancient magical formulas to make them flourish. Nonna Maria taught him how to make winter flowers bloom in summer and how to grow ripe fruits in just a few days. It was a dance between man and nature, a symphony of colors and fragrances.

But the greatest secret of all was the "Soul Flower." It was a legendary plant that was said to have the power to fulfill the deepest desires of the heart. Nonna Maria had been secretly cultivating the Soul Flower for many years, guarding its power with love and respect.

One day, as they worked together in the garden, Matteo asked Nonna Maria about the Soul Flower. He had a desire deep in his heart, a dream he had nurtured for years. Nonna Maria smiled and told him that he could have a chance, but he had to prove that he had a pure and sincere heart.

Matteo accepted the challenge with gratitude and began tending to the Soul Flower with care and devotion. He spent days and nights by the plant's side, speaking to it and sharing his innermost thoughts. His dedication was so profound that the plant began to respond.

With great surprise and joy, one day the Soul Flower blossomed with extraordinary beauty. It was a flower of a color that didn't exist in nature, a blend of bright and deep shades. It was a magical flower, and Matteo knew it was time to make his wish.

He stood before the Soul Flower and closed his eyes. With a heart full of hope, he made his deepest wish: happiness and prosperity for his village and all its inhabitants. Then, he opened his eyes and looked at the flower.

The Soul Flower began to emit a radiant light, and a gentle breeze swept through the garden. Matteo knew that his wish was about to come true. He had proven to have a pure heart, and the magic of the garden responded to his sincerity.

In the following weeks and months, Matteo's village began to transform. Nonna Maria's garden plants spread to the homes and gardens of all the villagers, bringing prosperity and beauty everywhere. People smiled more, the harvests were bountiful, and joy filled the air.

Nonna Maria smiled proudly at Matteo and told him that he had shown the heart of a true guardian of the enchanted garden. Matteo continued to work in the garden with passion and became Nonna Maria's successor, continuing to cultivate the magic of the plants and spreading joy and prosperity in his village.

And so, the enchanted garden became a legend in the Italian village, a place where the magic of nature and the sincerity of the heart could fulfill the deepest desires. It was a treasure shared by all the inhabitants, a reminder of the importance of guarding the magic of the earth and cultivating love and connection with nature.

Il Viaggio dell'Uccellino

In una foresta incantata, tra alberi maestosi e ruscelli scintillanti, viveva un piccolo uccellino chiamato Federico. Il piumaggio di Federico era di un blu intenso, e il suo canto era così melodioso che gli animali della foresta si fermavano ad ascoltarlo.

Federico aveva sempre sognato di volare lontano dalla foresta e scoprire il mondo al di là delle sue fronde. Aveva ascoltato le storie dei viaggi di altri uccellini e desiderava vivere avventure simili. Ma c'era un problema: aveva paura di lasciare la sua casa e la sua famiglia.

Un giorno, mentre Federico si posava su un ramo per osservare il cielo, incontrò un vecchio gufo saggio chiamato Orazio. Orazio aveva vissuto molti anni e aveva visto molte cose nel mondo. Notò la tristezza negli occhi di Federico e gli chiese cosa lo preoccupasse.

Federico raccontò al gufo il suo desiderio di esplorare il mondo, ma anche la sua paura di lasciare la foresta e la sua famiglia. Orazio ascoltò con attenzione e poi disse a Federico che il mondo era un luogo vasto e meraviglioso, e ogni uccellino doveva seguire il proprio cuore per scoprirlo.

Il gufo saggio offrì a Federico un consiglio prezioso: "Federico, la paura è normale quando si affrontano nuove avventure, ma è importante superarla. Se segui il tuo cuore e hai il coraggio di volare lontano, scoprirai mondi incredibili e incontrerai nuovi amici."

Le parole di Orazio risvegliarono il coraggio dentro Federico. Decise che era arrivato il momento di intraprendere il suo viaggio. Disse addio alla sua famiglia e, con le ali che battevano di eccitazione, prese il volo verso l'orizzonte.

Nel corso del suo viaggio, Federico visitò molte terre diverse. Sorvolò montagne coperte di neve, attraversò foreste fitte e si posò su rami inesplorati. Ogni giorno portava nuove scoperte e incontri con altri uccelli e animali.

Un giorno, mentre si trovava su una collina, incontrò un uccello colorato di nome Sofia. Sofia aveva ali che sfavillavano con tutti i colori dell'arcobaleno, e il suo canto era altrettanto vivace. Era una viaggiatrice esperta e aveva visto molte terre.

Federico raccontò a Sofia il suo viaggio e la sua voglia di scoprire il mondo. Sofia sorrise e gli disse che avrebbe dovuto visitare l'Isola dei Cielo Azzurro, un luogo magico dove ogni desiderio poteva diventare realtà. Era un posto lontano, ma ne valeva la pena.

Federico decise di seguire il consiglio di Sofia e di volare verso l'Isola dei Cielo Azzurro. Durante il suo volo, affrontò tempeste e venti forti, ma non si lasciò scoraggiare. Il desiderio di scoprire l'isola magica lo guidava.

Finalmente, dopo giorni di volo, Federico vide una terra lontana avvicinarsi all'orizzonte. Era l'Isola dei Cielo Azzurro, circondata da nuvole bianche e bagnata dal sole dorato. Quando atterrò sull'isola, si rese conto che era davvero un luogo magico.

L'isola era piena di alberi frondosi e animali amichevoli. Gli uccellini cinguettavano felici tra le fronde, e il cielo sopra di loro era sempre azzurro e sereno. Federico sapeva che era il luogo perfetto per fare un desiderio.

Quella notte, mentre le stelle scintillavano nel cielo, Federico chiuse gli occhi e fece il suo desiderio più profondo: desiderava che tutti gli uccellini del mondo trovassero il coraggio di seguire i loro sogni e di volare alto nel cielo. Poi, aprì gli occhi e vide una stella cadente attraversare il cielo. Era un segno che il suo desiderio era stato ascoltato.

Dopo aver realizzato il suo desiderio, Federico decise di tornare alla sua foresta natale. Aveva imparato molto durante il suo viaggio e aveva scoperto il coraggio dentro di sé. Quando atterrò nella sua foresta, fu accolto con gioia e ammirazione dagli altri uccellini.

Federico condivise la sua storia con loro e raccontò dell'Isola dei Cielo Azzurro e del potere dei desideri. Gli altri uccellini ascoltarono con attenzione e iniziarono a sognare di esplorare il mondo a loro volta.

E così, la foresta di Federico divenne un luogo di coraggio e speranza. Gli uccellini della foresta iniziarono a intraprendere i loro viaggi e a seguire i loro sogni, sapendo che il mondo era pieno di meraviglie da scoprire.

Federico continuò a cantare il suo melodioso canto, ma ora il suo canto portava con sé il messaggio del coraggio e della possibilità di realizzare i sogni. Era un piccolo uccellino che aveva fatto una grande differenza, dimostrando che il coraggio poteva portare a esperienze straordinarie.

E così, nell'incantevole foresta tra alberi maestosi e ruscelli scintillanti, la storia di Federico divenne una leggenda, una testimonianza della forza del coraggio e della bellezza dei sogni realizzati. Era un canto di speranza che continuava a risuonare attraverso le fronde e nel cuore di ogni uccellino.

The Journey of the Little Bird

In an enchanted forest, among majestic trees and sparkling streams, lived a small bird named Federico. Federico had deep blue feathers, and his song was so melodious that the forest animals would stop to listen.

Federico had always dreamed of flying far away from the forest and discovering the world beyond its branches. He had heard stories of other birds' journeys and longed to experience similar adventures. However, there was a problem: he was afraid to leave his home and family.

One day, as Federico perched on a branch, gazing at the sky, he encountered a wise old owl named Horace. Horace had lived many years and had seen much of the world. He noticed the sadness in Federico's eyes and asked him what troubled him.

Federico told the owl about his desire to explore the world but also his fear of leaving the forest and his family behind. Horace listened carefully and then told Federico that the world was a vast and wonderful place, and every little bird should follow their heart to discover it.

The wise owl offered Federico valuable advice: "Federico, fear is normal when facing new adventures, but it's important to overcome it. If you follow your heart and have the courage to fly far, you'll discover incredible worlds and make new friends."

Orazio's words awakened courage within Federico. He decided that it was time to embark on his journey. He bid farewell to his family and, with wings fluttering with excitement, took flight toward the horizon.

During his journey, Federico visited many different lands. He soared over snow-covered mountains, traversed dense forests, and perched on unexplored branches. Each day brought new discoveries and encounters with other birds and animals.

One day, while resting on a hill, Federico met a colorful bird named Sofia. Sofia had wings that shimmered with all the colors of the rainbow, and her song was equally lively. She was an experienced traveler and had seen many lands.

Federico told Sofia about his journey and his desire to discover the world. Sofia smiled and told him that he should visit the Island of Blue Sky, a magical place where every wish could come true. It was a distant place, but it was worth the journey.

Federico decided to follow Sofia's advice and fly to the Island of Blue Sky. During his flight, he faced storms and strong winds, but he did not let that deter him. The desire to discover the magical island guided him.

Finally, after days of flying, Federico saw a distant land approaching on the horizon. It was the Island of Blue Sky, surrounded by white clouds and bathed in golden sunlight. When he landed on the island, he realized that it was truly a magical place.

The island was full of lush trees and friendly animals. Little birds chirped happily among the branches, and the sky above them was always blue and serene. Federico knew that it was the perfect place to make a wish.

That night, as the stars twinkled in the sky, Federico closed his eyes and made his deepest wish: he wished that all the birds in the world would find the courage to follow their dreams and soar high in the sky. Then, he opened his eyes and saw a shooting star streak across the sky. It was a sign that his wish had been heard.

After making his wish come true, Federico decided to return to his native forest. He had learned a lot during his journey and had discovered courage within himself. When he landed in his forest, he was greeted with joy and admiration by the other birds.

Federico shared his story with them and told them about the Island of Blue Sky and the power of wishes. The other birds listened attentively and began to dream of exploring the world themselves.

And so, Federico's forest became a place of courage and hope. The birds of the forest began to embark on their journeys and follow their dreams, knowing that the world was full of wonders to discover.

Federico continued to sing his melodious song, but now his song carried the message of courage and the possibility of realizing dreams. He was a small bird who had made a big difference, proving that courage could lead to extraordinary experiences.

And so, in the enchanting forest among majestic trees and sparkling streams, Federico's story became a legend, a testament to the strength of courage and the beauty of realized dreams. It was a song of hope that continued to resonate through the branches and in the hearts of every little bird.